NOTE

RELATIVE

AUX ARCHIVES ET A LA BIBLIOTHÈQUE

DE L'OPÉRA

PARIS

IMPRIMERIE D. JOUAUST

Rue Saint-Honoré, 338

M DCCC LXXX

NOTE

Pavillon ouest, affecté au service de la Bibliothèque publique de l'Opéra.

NOTE

RELATIVE

AUX ARCHIVES ET A LA BIBLIOTHÈQUE

DE L'OPÉRA

PARIS
IMPRIMERIE D. JOUAUST
Rue Saint-Honoré, 338

M DCCC LXXX

I

ARCHIVES

L'Opéra, institué en 1669, a commencé en 1671 la série de ses représentations ; mais les documents conservés aux archives de ce théâtre ne remontent pas à son origine. Tandis qu'à la Comédie française et à la Comédie italienne la continuité d'une même société contribuait à la conservation des délibérations, des registres de recettes et de dépenses, etc., à l'Opéra les nombreuses directions qui succédèrent à Lulli finissaient tour à tour par des liquidations désastreuses, au milieu desquelles les pièces de toute sorte étaient dispersées ou détruites. Il résulte de l'inventaire de 1748, le plus ancien que possède l'Opéra, que dès cette époque il ne restait plus de registres ni de papiers antérieurs à 1721. La série de ceux qui existent actuellement ne commence qu'en 1735.

Toutefois, même pour les premiers temps de l'histoire de l'Académie royale de musique, les archives ont pu être reconstituées en partie, à l'aide des documents officiels conservés dans les dépôts publics; les Archives nationales, la Bibliothèque nationale, en ont fourni un grand nombre; en outre, des copies ont heureusement été prises à la Bibliothèque de la ville de Paris et aux archives de la préfecture de police, aujourd'hui détruites.

A partir de 1749, l'administration de l'Opéra est placée dans les attributions de la ville de Paris, sous la surveillance du prévôt des marchands. L'ordre se fait, le contrôle s'établit, les pièces qui existaient dans les bureaux sont conservées; déposées au magasin de l'Opéra, rue Saint-Nicaise, elles échappent aux deux incendies de 1763 et 1781. Elles s'accroissent avec le temps, sans que l'on semble prendre grand souci de leur classement. En 1815, un rapport constate que les archives encombrent les greniers du théâtre. « Depuis la révolution il n'a pas été possible, par le défaut de local, de donner une classification aux papiers de l'administration; il y a dans cette partie essentielle un désordre qu'il est indispensable de faire cesser[1]. » Il ne paraît pas que ces réclamations aient été suivies d'effet. En 1860, c'est encore dans un grenier, au-dessus du foyer du public, qu'étaient déposés *les vieux papiers*.

A cette époque on commença à en prendre soin, un inventaire sommaire fut dressé. En 1861, dans le programme rédigé pour la construction du nouvel Opéra, l'installation de la bibliothèque et des archives fut

[1] Archives nationales, O, 16460.

prévue. Ces deux services furent définitivement organisés par l'arrêté du 16 mai 1866, portant réglementation du cahier des charges de l'Opéra.

L'article relatif aux archives était ainsi conçu :

« Un archiviste, nommé par le ministre, sera chargé de réunir et de mettre en ordre tous les dessins des décors anciens et nouveaux exécutés à l'Opéra, ainsi que les livres ou estampes donnés à ce théâtre ou acquis par lui, et de classer et cataloguer tous les titres et papiers relatifs à l'administration de l'Opéra depuis son origine. »

Cet article a été reproduit par l'article 42 de l'arrêté du 14 mai 1879, qui contient en outre les dispositions suivantes :

« Art. 36. Il (le directeur) sera tenu de livrer aux archives de l'Opéra la maquette de chaque nouvelle décoration créée par lui, ainsi que les dessins des costumes.

« Art. 37. Dans le cas où l'autorisation de photographier des costumes ou autres objets du matériel aurait été accordée, deux exemplaires de ces photographies devront être déposés aux archives. »

Voici quelles sont les principales séries dont se composent les archives de l'Opéra :

Administration.

Arrêts du Conseil d'État. Lettres patentes, ordonnances.
Dépêches ministérielles.
Décisions. Délibérations.
Budgets. États du personnel. Engagements, congés.
Correspondance (auteurs, acteurs, etc.).
Projets. Plans d'organisation.

Jury littéraire.
Mises d'ouvrages.
Fêtes, bals, bénéfices.
Entrées.
Bâtiment. Inspection.
Soumissions, traités, marchés.
Affiches.

Comptabilité.

Recettes à la porte. Locations et abonnements.
Redevances.
Baux.
Appointements. Gratifications. Feux. Pensions.
Honoraires d'auteurs.
Droit des indigents.
Frais de police et de sûreté.
Comptabilité espèces.
Comptabilité matières.
Ouvriers. Fournisseurs.

Inventaires généraux et partiels.

Il est inutile d'insister sur l'intérêt de ces divers documents, de ces volumineuses correspondances administratives et artistiques. Tous les ministres, depuis MM. de Maurepas et d'Argenson, y sont représentés par de nombreux autographes. Sous la Révolution, les arrêtés du comité de salut public succèdent aux dépêches du ministre de la maison du roi. Plus tard, de l'an XI à 1807, les moindres autorisations de dépenses sont signées de la main du premier consul, puis de l'empereur, qui avait tenu à administrer directement — comme Louis XIV — son Académie de musique. Les dossiers du personnel, les dossiers relatifs à la mise en scène de chaque ouvrage représenté, sont remplis de la correspondance des auteurs, des artistes du chant et de la danse, et les noms les plus célèbres se lisent au bas de ces lettres, d'autant plus curieuses que presque toujours l'intérêt et l'amour-propre y sont en jeu.

La comptabilité n'offre pas des renseignements moins précieux pour l'histoire littéraire. Les registres des recettes présentent le tableau fidèle des destinées de chaque ouvrage; on peut y suivre jour par jour le succès des œuvres de Rameau, de Glück, de Piccini, et plus tard de Spontini, de Rossini et de Meyerbeer. Même en dehors de l'histoire littéraire, les archives de l'Opéra abondent en renseignements curieux que l'on ne s'attendrait pas à y trouver. Par exemple, sous l'ancien régime, toutes les locations de loges sont faites par baux passés devant notaires. Cette nombreuse série d'actes authentiques donne les noms et les titres de toutes les familles qui eurent une loge à l'Opéra de 1728 à 1789. Les documents relatifs à l'industrie ne sont pas moins intéressants : c'est ainsi qu'on trouve joints aux états de soumission des fournisseurs les échantillons de soieries, de rubans, de toiles, de draps, etc., avec leurs séries de prix, qui constituent une sorte d'histoire des tissus au commencement du siècle et avant l'introduction des machines et des nouveaux procédés.

Les archives de l'Opéra viennent de s'enrichir d'une importante collection : à la suite de la démolition de la salle Ventadour, il a été possible d'acquérir les archives de l'Opéra-Comique, qui y avaient été laissées depuis 1832, époque où ce théâtre cessa d'y donner ses représentations. Ces archives, sauf quelques lacunes à l'origine, comprennent la série des registres et documents divers depuis l'ouverture de la Comédie italienne à l'hôtel de Bourgogne, en 1716, jusqu'à l'année 1832.

II

BIBLIOTHÈQUE MUSICALE

La bibliothèque musicale possède la collection complète des opéras et ballets qui ont été représentés à l'Opéra depuis son origine.

L'article 37 de l'arrêté du 16 mai 1866, reproduit par l'article 41 de l'arrêté du 14 mai 1879, est ainsi conçu :

« Art. 37. Un bibliothécaire nommé par le ministre sera chargé de la conservation des partitions manuscrites ou gravées, et généralement de toute la musique servant à l'exploitation du théâtre. »

M. Théodore de Lajarte, attaché aux archives de l'Opéra en 1873, et spécialement chargé de tout ce qui concerne la bibliothèque musicale, a entrepris et achevé le classement méthodique de cet immense répertoire, qui ne comprend pas moins d'environ vingt-cinq mille volumes et cahiers; il en a dressé le catalogue historique et anecdotique, dont la publication est achevée et qui forme 2 volumes in-8°.

La bibliothèque musicale se compose :

1° Des partitions, parties d'orchestre, rôles et parties de chœurs, au complet, de 250 opéras;

2° Des partitions et parties d'orchestre de 120 ballets;

3° De 184 partitions sans parties d'orchestre;

4° Des parties d'orchestre et de chœurs de 97 ouvrages dont les partitions manquent.

La plupart des partitions de la bibliothèque sont manuscrites. Celles qui sont imprimées ou gravées, ayant servi aux répétitions et aux représentations, offrent presque toutes des coupures indiquées et de nombreux changements manuscrits, souvent autographes, qui leur donnent un intérêt tout particulier. Un grand nombre d'opéras et tous les ballets jusqu'en 1869 sont inédits. Près de cinquante partitions, qui existent dans la bibliothèque, n'ont jamais été exécutées. Parmi les auteurs de ces ouvrages, dont des circonstances diverses empêchèrent la représentation, on trouve cependant des noms célèbres, tels que ceux de Sacchini, de Zingarelli, de Philidor, de Gossec, de Monsigny, de Berton, d'Halévy, etc.

La collection des parties d'orchestre présente un très grand intérêt pour l'étude des anciens ouvrages, dont les partitions sont rarement rédigées d'une façon assez complète pour que l'on y retrouve toute l'instrumentation. Dans ce cas, les parties d'orchestre suppléent à ce qu'il peut y avoir d'incomplet ou d'obscur dans les partitions.

Outre cette importante collection de partitions ou

parties d'orchestre de plus de 600 ouvrages, la bibliothèque de l'Opéra possède encore un grand nombre de recueils manuscrits, contenant plus de 5,000 morceaux de chant et de danse, presque tous inédits. Elle possède aussi une collection de morceaux autographes qui comprend des fragments du plus grand intérêt. Nous citerons, entre autres :

RAMEAU. Trois partitions autographes : *la Naissance d'Osiris, le Retour d'Astrée, Daphnis et Églé.*

GLUCK. Deux actes d'*Armide* (Le premier et le quatrième), des fragments importants d'*Orphée,* une ouverture.

MEYERBEER. De nombreux fragments inédits des *Huguenots,* de *Robert le Diable;* d'autres fragments de *Robert le Diable* qui ont été gravés.

ROSSINI. Des fragments inédits de *Guillaume Tell,* des fragments du *Siège de Corinthe.*

Enfin, des autographes musicaux de presque tous les compositeurs qui ont été représentés à l'Opéra depuis plus d'un siècle, Piccini, Sacchini, Salieri, Grétry, Berton, Lesueur, Persuis, Nicolo, Spontini, Gossec, Cherubini, Hérold, Halévy, Auber, Donizetti, etc., figurent également dans cette collection.

Mme Spontini a bien voulu faire don à la bibliothèque de l'Opéra des partitions autographes de *la Vestale, Fernand Cortez, Olympie, Agnès, Nurmahal, Alcidor.* Ce précieux recueil forme quinze gros volumes in-folio, entièrement écrits de la main de Spontini.

M. F. Hérold, fils de l'illustre compositeur, a fait don à la bibliothèque de l'Opéra d'un important fragment autographe de *Zampa*.

La bibliothèque de l'Opéra a reçu du dépôt des Beaux-Arts 420 partitions gravées, une collection de plus de 600 morceaux de musique, cantates, hymnes, etc., et environ 20,000 romances.

Par arrêté du 14 février 1873, rendu sur la proposition de M. Vaucorbeil, alors commissaire du gouvernement près les théâtres subventionnés, une précieuse collection de partitions et de musique ancienne, provenant de la bibliothèque de la Sorbonne, a été partagée entre la bibliothèque du Conservatoire de musique et celle de l'Opéra. Le Conservatoire a reçu les traités élémentaires de musique, la musique sacrée, la musique vocale et la musique instrumentale. La bibliothèque de l'Opéra s'est enrichie de 179 partitions, depuis Lully jusqu'à Glück, et de 82 recueils de parties d'orchestre ayant appartenu, ainsi que la plupart des partitions, au marquis de La Salle.

III

BIBLIOTHÈQUE DRAMATIQUE

La bibliothèque dramatique est de création récente. Avant l'organisation des archives, l'Opéra, sauf le recueil des dessins de costumes exécutés depuis l'an XII, ne possédait pas un seul volume.

Aujourd'hui la bibliothèque se compose de plus de 6,000 volumes et brochures, et de plus de 60,000 estampes, qui proviennent en grande partie d'attributions faites par les Ministères des beaux-arts, de l'instruction publique, etc., et de dons divers.

Les livres sont ainsi classés :

Histoire générale du théâtre.
Dictionnaires dramatiques. Répertoires.
Almanachs et annuaires dramatiques.
Biographie (auteurs, acteurs). Anecdotes. Mémoires.
Histoire de l'Opéra.
Histoire des théâtres autres que l'Opéra.
Répertoire des opéras et ballets.
Pièces de théâtre autres que les opéras et ballets.
Ouvrages pour ou contre le théâtre.

Critique dramatique et musicale.
Écrits théoriques sur la musique.
Écrits sur le drame lyrique.
Poétique. Dramaturgie.
Art du comédien et du chanteur.
Danse. Chorégraphie.
Costumes. (Recueils. Ouvrages sur le costume. Journaux de modes.)
Mise en scène. Machines et décorations théâtrales.
Fêtes publiques.
Architecture théâtrale. Histoire des salles.
Législation dramatique. Règlements. Propriété littéraire.
Romans. Facéties. Tableaux de mœurs relatifs au théâtre.
Journaux de théâtre. Recueils périodiques.
Polygraphes (ayant traité du théâtre).
Bibliographie. Catalogues.
Livres étrangers au théâtre :
 Voyages,
 Architecture,
 Ornements,
 Dictionnaires, etc.

La collection d'estampes comprend ·

I. Les costumes civils.
  — religieux.
  — militaires.
  — de théâtre et travestissements.
II. Les vues (paysages, architecture).
III. Les meubles, les objets d'art, les instruments de musique, etc.
(Le tout classé par pays et par époques.)
IV. Les plans de théâtres.
V. Les décorations théâtrales.
VI. Les scènes théâtrales.
VII. Les portraits et caricatures d'auteurs, compositeurs, acteurs, etc.

Parmi les documents relatifs au costume, il convient

de signaler la collection des dessins originaux exécutés pour les 200 opéras ou ballets représentés depuis l'an XII. Ces dessins sont dus aux dessinateurs spéciaux de l'Opéra : Berthélemy (an VIII-1808), Ménageot (1809-1816), Dublin (1817-1819), Garneray (1820-1822), Hippolyte Lecomte (1823-1830), M. Paul Lormier, encore actuellement à l'Opéra, dont les premiers dessins datent de 1832, et qui de 1856 à 1876 a eu pour collaborateur M. A. Albert; enfin M. Eugène Lacoste.

Plusieurs autres artistes ont en outre enrichi de leurs croquis les collections de l'Opéra. Nous citerons entre autres Louis Boulanger, Léopold Robert, Eugène Lami, M. Lepaulle, etc.

A la vente de M. le baron Taylor, en 1876, la bibliothèque de l'Opéra a acquis une importante collection de costumes de l'Opéra au XVIIIe siècle. Cette collection, provenant du dépôt des Menus-Plaisirs, se compose de 438 dessins, parmi lesquels il en est de Boucher, de Watteau, d'Eisen, de Boquet, etc.

En juin 1879, par suite d'un échange opéré entre le Ministère de l'instruction publique et des beaux-arts, et le Ministère des travaux publics, la bibliothèque de l'Opéra a reçu une très intéressante série de dessins originaux de costumes et de décors du XVIIe et du XVIIIe siècle, qui appartenait au mobilier national.

Dans la série des plans de théâtre se trouve une collection de tous les plans et vues des salles occupées par l'Opéra depuis son origine. Cette série a acquis une importance particulière par le versement des plans et dessins exécutés sous la direction de M. Ch. Garnier pour la construction du nouvel Opéra.

Depuis l'organisation des archives, les maquettes des décorations de chaque ouvrage représenté sont conservées à la bibliothèque. Cette collection a contribué à former, avec les recueils de costumes, le fonds de l'exposition théâtrale qui, après avoir figuré en 1878 à l'Exposition universelle, a fait presque complètement retour à la bibliothèque de l'Opéra.

Tel est l'ensemble des collections qui dès à présent font de la bibliothèque et des archives de l'Opéra un dépôt spécial des plus importants relativement à l'histoire du théâtre et des arts qui s'y rattachent. Son installation dans les bâtiments du nouvel Opéra a été faite, à l'origine, d'une façon très convenable ; mais, placé au cinquième étage, sans autre accès que l'escalier de l'administration, communiquant avec les services intérieurs du théâtre et les loges d'artistes, il n'était accessible qu'à un petit nombre d'érudits, qui, chercheurs patients, finissent toujours par découvrir les documents dont ils ont besoin, et le public ne pouvait y être régulièrement admis.

Dès l'année 1877, la commission du budget a recommandé au gouvernement l'étude de dispositions permettant d'installer dans le pavillon ouest (destiné à l'origine au service particulier du chef de l'État), *la riche bibliothèque musicale et dramatique, les précieuses collections d'estampes et de costumes que possède l'Opéra, et d'enrichir ainsi Paris d'une nouvelle bibliothèque publique consacrée à l'histoire du théâtre et de la musique.* (Rapports faits au nom de la commission du budget, session de 1877, n°s 173 et 937, chap. LVI).

En conséquence, deux crédits de 100,000 fr. chacun ont été inscrits aux budgets de 1879 et de 1880.

Les travaux, déjà avancés, seront achevés dans quelques mois.

Entièrement isolée de tout le reste du théâtre, ayant un accès spécial par la double rampe du pavillon ouest, la bibliothèque de l'Opéra, située au premier étage, se composera d'une galerie destinée à former un musée où seront exposés les dessins, les peintures, les autographes, etc.; d'une vaste salle de lecture occupant tout le grand salon circulaire, de quatre petites salles et d'une bibliothèque pouvant contenir douze mille volumes, mise en communication par un monte-charge avec le dépôts situés à l'étage supérieur.

La salle de lecture et la bibliothèque ne seront ouvertes que pendant le jour; la galerie du Musée pourra être ouverte le soir au public pendant les représentations.

Les archives resteront à la place qu'elles occupent actuellement, en profitant de l'espace laissé libre par le déplacement de la bibliothèque. Les documents dont les lecteurs auraient besoin seront facilement transportés dans la nouvelle salle de lecture. Il est, du reste, de principe que les communications de pièces d'archives, donnant lieu à des recherches spéciales et à un examen préalable, peuvent ne pas être immédiates.

La bibliothèque de l'Opéra se trouvera ainsi placée dans les conditions les plus favorables pour s'enrichir et se compléter rapidement et pour rendre aux érudits et aux artistes de réels services.

Le personnel, tel qu'il est organisé maintenant, deviendra insuffisant quand le nouveau dépôt sera ouvert au public ; il faudra pourvoir en outre aux acquisitions et aux reliures ainsi qu'aux frais de chauffage.

C'est dans ce but qu'un crédit de 10,000 fr. est demandé pour l'année 1881.

Février 1880.

www.ingramcontent.com/pod-product-compliance
Lightning Source LLC
Chambersburg PA
CBHW060924050426
42453CB00010B/1859